O ELEFANTE NÃO SABE

Histórias para inspirar vencedores

DANIEL COLOMBO

O ELEFANTE NÃO SABE

SABE

Histórias para
inspirar vencedores

Editorial Autores de Argentina

Colombo, Daniel
    O elefante nao sabe / Daniel Colombo. - 1a ed . - Ciudad Autónoma
de Buenos Aires : Autores de Argentina, 2018.
    100 p. ; 22 x 15 cm.

    ISBN 978-987-761-623-1

    1. Autoayuda. I. Título.
    CDD 158.1

EDITORIAL AUTORES DE ARGENTINA
www.autoresdeargentina.com
Mail: info@autoresdeargentina.com

Design da capa: Justo Echeverría

ÍNDICE

INSPIRAR SONHOS
E FORMAR VENCEDORES

A decisão de elaborar um projeto com o qual nos sintamos identificados, que nos permita estimular nossa criatividade, que nos fortaleça nos momentos de desafio e que contribua para sermos mais felizes é mais que rea lizar um sonho. É entender por que estamos aqui, qual o sentido da experiência humana. É dar valor ao que fazemos dia após dia.

Liderar, dirigir, estar à frente de uma equipe de trabalho recompensa, estimula, motiva, alegra, entusiasma, seduz e ensina. Liderar é, também, decidir sonhar e recomeçar a cada dia.

Este livro reúne histórias inspiradoras tanto para aque les que desejam pôr seus projetos em execução quanto para quem já está a caminho de sua meta.

Cada texto revela uma qualidade que caracteriza novos empreendedores e líderes experientes. Sua leitura poderá ser útil para a reflexão, para repensar atitudes e até mesmo para quebrar paradigmas. Em momentos de dificuldade, você poderá amenizar um pouco a solidão que não raro faz parte do começo de projetos e sonhos ou do processo de conservação das metas alcançadas.

Todos nós temos, em nosso interior, uma alma empreendedora, mas poucos se atrevem a expressá–la no mundo, aceitando seus riscos inerentes.

Daniel Colombo

O ELEFANTE NÃO SABE

Uma garotinha era fascinada por circos. O que mais a atraía neles era o elefante. Durante os espetáculos, ficava impressionada com seu enorme tamanho e sua força fora do comum, mas chamava a atenção dela o fato de, no fim do espetáculo, o elefante ficar amarrado com uma corda que prendia uma de suas patas a um toco, levemente fincado no chão.

A pergunta que surgia em sua cabeça era evidente: por que o elefante não se soltava daquele cativeiro? Sua mãe lhe respondeu que ele não fugia porque era adestrado. Mas, então, por que o prendiam?

Ninguém soube dar-lhe uma resposta coerente. Muitos anos depois, ela conheceu um senhor que havia trabalhado em um circo. Quando lhe contou sobre sua dúvida, ele disse que o adestrador amarra o elefante a um toco desde seus primeiros dias. O elefante bebê puxa e empurra, na tentativa de se soltar, mas não consegue.

Um dia, cansado de tanto tentar, aceita a incapacidade de se livrar do toco e se resigna a seu destino. A partir de então, não foge, pois acredita que não consegue, mesmo estando quase solto, amarrado por uma corda da qual facilmente poderia se soltar...

ESCUTAR COM O CORAÇÃO

Na escola, eu tinha uma colega que todo dia fazia questão de repetir meus defeitos. Dizia que eu era faladeira, esquen tada, metida ... e outras coisas negativas desse tipo. Cansada de suas críticas, um dia contei ao meu pai.

Para minha surpresa, em vez de me apoiar perguntou:

– E é verdade o que ela fala de você? Não soube o que responder.

– Faça uma lista de tudo o que ela disse de você e marque com um X aquilo que achar que é verdade – pediu.

Segui seu conselho e descobri que metade das críticas era merecida. Pela primeira vez na vida, tive uma imagem real de mim mesma.

Mostrei a lista ao meu pai.

– Não podemos evitar que os outros nos critiquem – disse ele, mas ninguém melhor que nós mesmos para julgar se as pessoas têm ou não razão. Aprenda a escutar sem raiva e sem se irritar. Se o que dizem for verdade, esta soará como um eco dentro de você.

Dez anos depois, terminei o ensino médio e participei de uma audição para ingressar em uma companhia de ópera, mas fui recusada.

– Você precisa aprender a cantar sem imitar os outros – disse o responsável pela classificação dos cantores.

No começo, foi muito difícil, mas depois me lembrei das

palavras do meu pai. Algumas semanas depois, voltei a fazer a prova e cantei a plenos pulmões, com meu pró prio estilo. Fui aceita imediatamente! A partir de então, as portas do sucesso se abriram e me tornei uma cantora reconhecida. Como antes, foram muitos os conselhos, os elogios e também as críticas. Porém, a todo momento estive atenta para escutar a voz que pudesse despertar um eco dentro de mim.

Maria Callas

PERSEVERAR

Durante a Segunda Guerra Mundial, Winston Churchill foi convidado para dar uma palestra na universidade em que havia estudado.

No auditório, percebia-se a emoção e a expectativa pelo discurso.

Churchill subiu ao púlpito, tirou uma folha e disse:

– Nunca, nunca, nunca... se renda.

Fez uma pausa. Dobrou o papel, guardou-o no bolso e sentou-se.

O público ficou desconcertado. As pessoas entreolhavamse, espantadas.

Após alguns segundos, o auditório irrompeu em aplausos.

COMUNICAÇÃO ESTRATÉGICA

Certa manhã, o monarca de um poderoso reino passe ava em seu jardim e descobriu que seu pássaro favorito havia fugido.

Logo depois, deu ordens para matar o oficial encarregado da custódia das aves. A notícia chegou aos ouvidos do general do exército, que imediatamente foi ao encontro do rei, com a intenção de dissuadi–lo dessa ideia.

Apesar das súplicas do general, o monarca negou–se a voltar atrás em sua decisão.

– Assim sendo, rogo que Vossa Majestade me autorize a comunicar ao oficial o motivo de sua condenação – disse o general –, e me permita vos adiantar quais serão as minhas palavras.

O rei concordou.

– Direi a ele: "Em primeiro lugar, você foi descuidado e deixou o pássaro preferido do rei fugir. Depois, fez com que ele mandasse matar um ser humano por causa de uma ave. E , por último, sua mor te fará com que todos saibam que Sua Majestade condenou um soldado, que sempre foi leal, por causa de um pássaro".

Ao escutar essas palavras, o rei ordenou anular a execução.

HUMILDADE

Uma montanha disse ao abismo:

– Eu, do alto de meus majestosos cumes, tenho o mundo aos meus pés. Posso ver os mais belos amanheceres e os crepúsculos mais esplendorosos. A cada noite, a luz da lua acaricia meu corpo, e sinto que posso tocar as estrelas. Minha presença e tão imponente que até poderia tocar o próprio Deus. E você, abismo, qual e a sua função aí embaixo?

O abismo respondeu com simplicidade:

– Eu sustento você...

PACIÊNCIA

Uma mulher foi ao encontro de um sábio conselheiro a fim de reconquistar o marido. Estava desesperada, pois, após vários anos, ele havia voltado da guerra e, desde então, mostrava–se indiferente e hostil em relação a ela.

O sábio disse à mulher qu e, para conseguir atraí–lo novamente, ela deveria encontrar um pelo de urso selva gem.

Decidida a recupera r o marido, a mulher foi para as montanhas. Começou a subida e caminhou durante horas pela floresta, até que conseguiu encontrar um urso.

Todos os dias levava–lhe um prato com mel e o deixava na entrada da caverna. No começo a fera rugia, mas, à medida que os meses passavam, deixava que a moça se aproximasse cada vez mais.

Uma tarde, enquanto o urso dormia, ela lhe arrancou um pelo e o levou para o sábio.

Ele sorriu.

– Mulher, você não precisa de nenhuma poção mágica. Se conseguiu conquistar um urso feroz com amor e paciência, da mesma forma poderá voltar e recuperar seu marido.

ESTIMULAR

Charles Schwab era o presidente da fábrica de aço U. S. Steel. Um dia, fazendo o controle da produção da empre sa, notou que os empregados do turno da manhã nã o alcançavam o nível de rendimento esperado . No fim do turno desse dia, Schwab foi até o gerente da fábrica.

– Como é possível que uma pessoa tão capaz como o senhor não consiga fazer com que sua equipe atinja as metas? – perguntou.

– Não sei – respondeu o gerente. – Tentei de tudo: já os pressionei, até os enganei, mas nada funciona. Simplesmente a produção deles é baixa .

– Dê-me um giz – disse Schwab.

Aproximou–se de um dos empregados e perguntou lhe:

– Quantas vezes você encheu o forno hoje no seu turno?

– Seis.

Schwab escreveu um grande seis no chão e foi embora.

Quando os funcionários da tarde chegaram, viram o número seis e perguntaram o que significava.

– O presidente esteve aqui – disse um dos empregados.

– Quis saber quantas vezes haviam enchido o forno hoje de manhã e anotou a resposta.

Os funcionários da tarde protestaram:

– Mas que preguiçosos! Só seis vezes! Vamos ensiná–los como se trabalha.

Na manhã seguinte, Schwab voltou à fábrica e constatou que o turno da tarde havia substituído o seis por um enorme oito. Os da manhã não podiam acreditar que os outros tivessem um rendimento tão alto e propuseram –se a mostrar aos colegas que eram os melhores. Quando terminaram, deixaram um impressionante dez escrito no chão.

Em pouco tempo, a produção do turno da manhã alcançou os mais altos níveis de toda a fábrica.

RECURSOS OCULTOS

Pouco antes de morrer, um homem, que havia sido muito trabalhador ao longo da vida, reuniu os filhos e lhes disse que havia um tesouro escondido em seu campo.

– Para encontrá–lo, é preciso remexer a terra com muito cuidado – advertiu.

Assim que ele morreu, os filhos –embora fossem bastante preguiçosos – começaram a cavar a terra para encontrar o tesouro. Trabalharam de sol a sol durante meses, mas não aparecia nada. Um dia, vendo que já haviam remexido toda a terra, tiveram a ideia de semeá–la com trigo. Quando chegou a época da colheita, venderam–na e ganharam muito dinheiro.

A abundância fez com que se lembrassem do tesouro do pai, e voltaram a remexer a terra. Como não encontraram nada, decidiram semeá–la novamente. Colheram e obti veram grandes lucros.

Fizeram isso muitas vezes durante vários anos, o que permitiu que acumulassem significativa fortuna e, ao mesmo tempo, se acostumassem a trabalhar. Um belo dia, finalmente, deram-se conta de que esse era o verda deiro tesouro que seu pai lhes havia deixado.

A JUSTA MEDIDA

Uma agradável manhã, o político e cientista americano Benjamin Franklin estava dando um passeio com um jovem amigo. Seu colega lhe perguntava sobre a ansieda de gerada pela ambição de acumular muita riqueza.

Franklin tinha o costume de responder usando exemplos concretos. Viu uma macieira, pegou uma maçã e deu–a a uma menina, que lhe agradeceu com um belo sorriso.

Vendo sua reação, arrancou outra maçã e entregou–a à menina. O sorriso da pequena já não tinha limites. Então, Franklin pegou uma terceira maçã. A menina, embora tivesse as duas mãos ocupadas, conseguiu segurá la por algum tempo... mas logo a maçã escorregou e caiu em um riacho.

A garotinha começou a chorar.

– Aqui temos uma pequena pessoa com riqueza demais para poder usufruí–la – disse Franklin. – Com duas maçãs, ela era feliz. Com três, já não é mais.

MOTIVAR

Certa manhã, a diretora de uma empresa caminhava apressada em direção ao escritório. Em uma esquina, parou para dar algumas moedas a um pobre homem que vendia flores e continuou seu percurso.

Minutos depois, voltou.

– Desculpe–me – disse ela, enquanto pegava uma flor.

– Com a pressa, não levei o que comprei, e isso não está certo. O senhor é uma pessoa de negócios como eu. Suas flores têm um preço bom e a qualidade é boa.

Sorriu e foi embora.

Um ano depois, quando a mulher passava pela mesma esquina, um homem de aparência elegante aproximou–se dela e disse:

– Tenho certeza de que não se lembra de mim. Eu não sei seu nome . . . mas jamais esquecerei seu rosto. A senhora me inspirou a fazer algo por mim mesmo. Eu não passava de um inútil que vendia flores nesta esquina, até que a senhora me fez recuperar o senso de dignidade. Agora estou tocando minha pequena empresa.

CONFIANÇA

Um general ia com seu exército rumo ao campo de batalha. O inimigo contava com um efetivo duas vezes maior, o que deixava as tropas desmoralizadas, já que não acreditavam que seriam capazes de vencer, dada a inferioridade numérica.

O general lhes mostrou uma moeda e disse que ela era mágica. Se a jogassem para cima e saísse cara, seria um sinal de que sairiam vitoriosos. Por outro lado, se desse coroa, perderiam a batalha.

O general jogou a moeda diante de todo o exército. E saiu cara. Os soldados recuperaram a confiança em sua capacidade e conseguiram derrotar o inimigo.

Após o confronto, um oficial aproximou-se do general.

– O que teria acontecido se, em vez de cara, houvesse saído coroa? – perguntou.

– Impossível –respondeu o general. – Como disse antes, esta moeda é especial. Ela tem cara dos dois lados.

INSISTIR

O físico americano Samuel P. Langley foi um dos pioneiros da aviação. Conseguiu inventar uma máquina mais pesada que o ar que voou com sucesso pela primeira vez no dia 6 de maio de 1896. Embora a maioria dos cientistas tenha se mostrado incrédula, o Departamento da Guerra e o Instituto Smithsonian dos Estados Unidos lhe forneceram os recursos necessários para que pudesse dar continuidade a suas pesquisas.

Em 1903, Langley tornou a empreender duas tentativas de voo por sobre o rio Potomac, dessa vez utilizando um piloto. Nas duas ocasiões, o avião caiu na água, felizmente sem nenhum ferido. Entretanto, esses fracassos fizeram com que fosse alvo de duras críticas por parte da comunida de científica e da imprensa.

Aflito com as críticas, Langley interrompeu suas pesqui sas e abandonou a invenção no depósito do Instituto Smithsonian. Morreu mergulhado na tristeza, no dia 27 de fevereiro de 1906.

Oito anos depois, um piloto chamado Glenn Curtiss modificou alguns detalhes na máquina de Langley e conseguiu um voo triunfal. A imprensa , os cientistas e a opinião pública perguntaram—se o que teria acontecido se Langley houvesse perseverado um pouco mais.

VISÃO COMPLETA

O chefe de uma poderosa tribo africana contava com a ajuda de um sábio conselheiro que costumava reagir com alegria diante de qualquer situação adversa.

Uma manhã, os dois saíram para caçar e o líder feriu um dos dedos do pé. O dedo sangrava tanto que teve de amputá-lo, tão logo retornou à tribo. Diante disso, o conselheiro exclamou:

– Muito bem, muito bem!

Indignado com essa atitude e dominado pela dor e pela fúria, o chefe expulsou-o da tribo.

– Muito bem, muito bem! – foi tudo o que disse o sábio. Um mês depois, o líder saiu novamente para caçar, dessa vez sozinho. Porém, distanciou-se tanto que, quan do percebeu, já havia anoitecido. Enquanto trilhava o caminho de volta, dois caçadores de uma tribo vizinha o capturaram. Queriam sacrificá-lo. Já em plenos prepa rativos para a cerimônia, viram que lhe faltava um dedo no pé. Como não podiam oferecer um ser incompleto ao seu deus, libertaram-no.

O líder da tribo, finalmente, entendeu a reação do con selheiro. "Que bom ter perdido o dedo, pois, de outro modo, estaria morto", pensou, e a seguir ordenou que trou xessem o sábio de volta. Tão logo o viu, pediu-lhe perdão e agradeceu-lhe por ter aceitado voltar.

Mas restava-lhe ainda uma dúvida quanto à reação do conselheiro diante de sua expulsão da tribo.

– Quero saber por que aceitou tudo com boa vontade, até mesmo quando o desterrei – disse a ele.

O conselheiro, após escutar sobre o que havia ocorrido, refletiu:

– Tudo o que acontece conosco vem para o bem, mas, como não temos uma visão de todo o contexto, muitas vezes nos entristecemos ou nos irritamos diante de circunstâncias aparentemente desfavoráveis. Se eu não houvesse sido banido, teria ido caçar em sua companhia. E eu, sim, teria sido sacrificado.

COOPERAR

Uma manhã de primavera, um discípulo perguntou ao mestre :
– Qual é a diferença entre o céu e o inferno?
– No inferno, há uma grande plantação de arroz, e as pessoas só podem comê–lo com colheres de três metros de comprimento – respondeu. – Veem o arroz e ficam desesperadas de fome. Mas as colheres são tão grandes que é impossível levá–las à boca.
Desconcertado, o discípulo perguntou:
– E o que acontece no céu?
– Lá também há uma plantação de arroz e, assim como no inferno, as colheres medem três metros. A diferença é que lá uns alimentam os outros.

REDE DE VALOR

Uma empresária encontrava–se no Japão para fechar alguns negócios. Antes de voltar a seu país, foi a um cen tro comercial para comprar presentes.

Assim que entrou no local, uma recepcionista deu lhe as boas–vindas com um grande sorriso. A executiva ficou tão impressionada com a gentileza que, de vez em quando, a observava de longe. Ela oferecia o mesmo sor riso a todos os clientes que entravam na loja. Intrigada, aproximou–se da mulher.

– Você não se cansa desse trabalho? – perguntou . – Há quanto tempo exerce essa função?

– Não, senhora, não estou cansada, de forma alguma. Trabalho aqui há dez anos e adoro o que faço.

– E como consegue fazer isso há tanto tempo?

– É que assim sirvo a meu país.

– Serve a seu país... sorrindo?

– Sim. Quando sorrio, faço com que as pessoas se sintam bem. Quando estão de bom humor, compram mais. Logo, meu chefe fica satisfeito comigo e me paga mais. Com esse salário, posso ajudar mais minha família, e isso a torna feliz. Além disso, se os clientes compram muito, aumenta a demanda de produtos, gerando mais fábricas e mais emprego . E quando há trabalho, o país prospera e as pessoas ficam felizes. Essa é minha humilde forma de servir.

CONSIDERAÇÃO

Certa manhã, quando Mahatma Gandhi entrava em um trem em movimento, uma de suas sandálias caiu nos trilhos. Seus ajudantes tentaram recuperá –la, mas não consegmram.

Em seguida, Gandhi tirou a outra sandália e jogou–a nos trilhos. Seus acompanhantes trocaram olhares, surpresos.

– Por que fez isso? – perguntaram. Gandhi sorriu.

– Só assim a pessoa que encontrar a primeira sandália poderá usá–la.

HONESTIDADE

Oimperador de um reino distante morreu lutando na última batalha de uma guerra que havia durado muitos

anos. O território ficou devastado, e o povo queria apenas paz e prosperidade. Como o imperador havia morrido muito jovem, não deixara herdeiros. Preocupados com a situação, os membros do Conselho Real decidiram que escolheria m o futuro dirigente do país levando em consideração sua integridade e seus valores humanos. Cada aldeia se encarregaria de mandar o candidato que reunisse as melhores qualidades.

Em uma das aldeias, morava uma jovem pastora que era feliz com a vida que levava, mas, como foi escolhida por unanimidade por seus vizinhos, aceitou o desafio.

Ao chegar ao palácio, deparou com centenas de jovens de todo o reino reunidos num grande salão. O porta–voz do conselho anunciou:

– Cada um dos presentes receberá uma semente de papoula, que deverá ser plantada em um vaso. Quando a primavera chegar, voltaremos a nos reunir. Aquele que trouxer a flor mais bonita ocupará o trono.

A jovem voltou ao povoado, plantou a semente, regou–a e esperou . Os dias se passavam e não aparecia nada no vaso. Nem sequer um broto.

Quando a primavera chegou, a menina não queria com parecer ao palácio real. Dessa forma, seu fracasso estaria garantido.

Ao vê–la tão desanimada, o avô lhe disse:

– Sinta–se orgulhosa de ir. Não é o afã de ganhar que nos leva a agir, mas o desejo de cumprir o prometido.

A jovem entendeu a mensagem e seguiu viagem rumo ao palácio. Quando chegou, viu todos os candidatos exibin do, com orgulho, suas lindas flores. Os membros do con selho verifica-ram cada vaso e se reuniram para deliberar. Minutos depois, um deles se aproximou da menina.

– Você será nossa imperatriz – disse.

A jovem levantou o olhar, espantada .

– Mas se a minha planta nem germinou ...

– Justamente por isso – respondeu –lhe o conselheiro. – As sementes que distribuímos estavam torradas, e nenhu ma delas podia florescer. Queríamos ter certeza de que o trono seria ocu-pado por uma pessoa honesta.

FORMAÇÃO

Um homem levou seus dois filhos, de três e seis anos, a um zoológico. No guichê da entrada havia um cartaz que dizia que o ingresso era gratuito para menores de seis anos.

O vendedor da bilheteria perguntou a idade das crianças.

– Um tem três anos, e o outro, seis – disse o pai.

– Agora que o senhor falou , terei de cobrar a entrada do mais velho. Se houvesse dito que o de seis tinha cinco anos, teria entrado de graça. E ninguém teria percebido.

O pai respondeu:

– Sim, meus filhos teriam percebido.

LUTAR

Um homem caminhava numa praia deserta ao amanhe cer. De repente, avistou ao longe outra pessoa. Quando se aproximou, viu que era uma menina que pegava, uma por uma, as estrelas–do–mar que estavam na beira e as punha de volta na água.

– Por que está fazendo isso? – perguntou.

– A maré está baixa, e o sol está saindo. Se as estrelas ficarem aqui, vão morrer.

– Mas existem milhares de quilômetros de praia no mundo e milhões de estrelas–do–mar encalhadas na areia. Mesmo que salve algumas, muitas delas morrerão. Não percebe que não vale a pena lutar?

A jovem pegou outra estrela–do–mar e jogou–a na água.

– Para esta, sim, a luta terá valido a pena.

AUTOSSUPERAÇÃO

Uma tarde de 1812, o pequeno Louis estava com seu pai na selaria que tinham perto de Paris. Bastou um segundo de descuido do pai para que o garoto, de apenas três anos, ferisse gravemente o olho esquerdo com um estilete. A infecção acabou afetando também o olho direito do menino, que, aos quatro anos, perdeu totalmen te a visão.

Quando completou dez anos, Louis foi aceito na escola para cegos de Paris. Em 1821, um capitão chamado Charles Barbier visitou o colégio e mostrou sua invenção chamada "escrita noturna", um código de doze pontos em alto—rele vo, para que os soldados pudessem trocar informações ultrassecretas. Infelizmente, o código não foi bem—sucedi do, por ser excessivamente complicado . No entanto, Louis o aperfeiçoou , reduzindo o código à metade do número de pontos e acrescentando sinais de pontuação. Dessa manei ra, aos quinze anos, Louis Braille abriu um novo caminho na comunicação escrita para os deficientes visuais.

ATENÇÃO SELETIVA

Duas amigas caminhavam por uma rua movimentada.

– Está escutando esse grilo na calçada da frente? – per guntou uma delas.

– Você deve estar brincando! – respondeu a amiga. – Com tanto barulho, quem poderia escutá–lo?

– Siga–me.

Atravessaram a rua e encontraram o grilo numa árvore.

– É inacreditável! – disse a amiga. –Você tem um ouvi– do impressionante.

– Meu ouvido é normal. Se não acredita, preste atenção...

A jovem jogou algumas moedas no chão e todas as pessoas, inclusive as que caminhavam do outro lado da rua, pararam para tentar descobrir de onde vinha aquele som.

– Como você pode ver, tudo depende do que se quer escutar.

CRIATIVIDADE

Um cabeleireiro fazia um trabalho tão bom que, com o tempo, conseguiu formar uma grande clientela. Seus cortes e penteados eram incríveis, e estava sempre se atualizando na moda. Como oferecia um serviço de qualidade superior, seu salão era o mais caro e famoso da região.

Um dia, bem em frente ao seu estabelecimento, abriu outro salão que oferecia os serviços pela metade do preço. Isso o deixou muito preocupado, e com razão. Não podia baixar os preços, pois isso faria com que os clientes questionassem seu prestígio e sua trajetória. Além disso, se reduzisse os preços, não poderia arcar com os gastos do salão. Percebeu que pelo menos metade dos seus clientes se sentiria tentada diante dos baixos preços da concorrência.

Aflito, o cabeleireiro passou a noite em claro. Até que, quando estava quase dormindo, teve uma ideia. Em segui da, vestiu–se, foi ao salão e afixou um enorme cartaz que dizia: "Aqui consertamos o seu corte barato".

ATITUDE

Durante muitos anos, Buda dedicou–se a percorrer cida des, povoados e aldeias para difundir seus princípios. Apesar de sua infinita paciência e sua grande humanidade, algumas pessoas o difamavam, e outras até mesmo o insultavam. No entanto, ele conservava sempre um sorriso inabalável. Intrigado com essa atitude, um discípulo perguntou:

– Como pode se manter sempre indiferente e tranquilo diante das agressões?

Buda respondeu com outra pergunta:

– Se dou um presente a você, mas você não o aceita, quem fica com ele?

OLHAR PARA FRENTE

Dois jovens soldados foram convocados quando seu país entrou em guerra. Pouco tempo depois de estarem na frente de batalha, caíram nas mãos do inimigo e foram mandados para um campo de concentração . Passaram dois anos ali, sofrendo todo tipo de calamidade, até que, finalmen te, o conflito chegou ao fim. Depois de libertados, voltaram ao seu país e refizeram a vida em cidades diferentes.

Dez anos depois, reencontraram –se por acaso em um aeroporto.

– Que bom ver você! Quanto tempo! Como está, meu amigo?

– Bem .... mas tenho de confessar que nunca consegui esquecer tudo o que passamos. E você?

– É verdade, é impossível esquecer uma experiência como aquela – respondeu o antigo colega . – Mas já superei isso.

– Eu não. Não há um dia sequer em que não me lembre com ódio dos guardas.

– Meu amigo! O pior não são os dois anos em que você esteve naquele campo de concentração , e sim os outros dez em que continuou preso.

RECORDAR AS ORIGENS

Dizem que havia um escravo que amava tanto seu tra balho, que sempre começava suas tarefas antes do ama nhecer e terminava depois do pôr–do–sol. Admirado com sua capacidade e enorme dedicação, o rei quis premiá –lo e o nomeou arrecadador de impostos. Tudo corria bem, até que um dia alguns cortesãos disseram ao monarca que seu protegido estava roubando: os guardas o haviam visto entrar nas câmaras secretas, altas horas da noite.

A princípio, o rei considerou as acusações como meras intrigas, mas, depois de um tempo, começou a alimen tar suspeitas. Os rumores eram tão persistentes que o rei, finalmente, convenceu –se de que eram verdadeiros. Indignado com a deslealdade de seu protegido, arquite tou um plano para humilhá–lo. Sem dizer nada a nin guém, escondeu –se nas abóbadas para surpreendê–lo em flagrante. Esperou durante horas e acabou cochilando.

À meia –noite, passos o despertaram: era seu ex–escravo entrando na câmara. O monarca viu que ele ia exatamente em direção ao tesouro e pegava uma sacola. Enfurecido, estava quase saindo de seu esconderijo quando notou que, em vez de dinheiro, a sacola continha um espelho e roupa velha: a mesma que ele usava quando era escravo. O antigo servo a vestiu e, contemplando a própria ima gem, disse para si:

– Olhe bem de onde veio e lembre–se de tudo que o rei fez por você. Não se esqueça de servi–lo com respeito e de ser merecedor do seu apoio e confiança.

O monarca saiu do seu cantinho com os olhos cheios de lágrimas.

– Vim até aqui, hoje, para dar–lhe uma lição – disse ao homem. – Mas foi você quem me fez aprender.

No dia seguinte, nomeou–o encarregado do Tesouro do reino.

SIMPLIFICAR

Uma tarde, em plena montanha, dois monges depararam com uma grande enxurrada formada pelas abundantes chuvas. Para atravessá–la, teriam de entrar praticamente com o corpo inteiro na água enlameada.

A poucos metros dali, havia uma linda garota , que também queria cruzar o rio , mas não se atrevia. Um dos monges se ofereceu para ajudá–la e carregou–a nos ombros até a outra margem.

Seu companheiro , ao vê–lo, sentiu–se muito incomo dado.

Quando amanheceu , continuava de cara feia e não diri gia a palavra ao outro monge.

– O que está acontecendo? – perguntou o que havia ajudado a jovem.

– Não está claro? Você transgrediu um preceito muito sério. Tomou uma mulher em seus braços. Seus corpos ficaram unidos durante certo tempo.

Serenamente, o monge respondeu:

– Você ainda está carregando essa mulher? Eu já a deixei na outra margem do rio faz tempo .

NADA É GARANTIDO

Um jovem guarda se orgulhava de que ele, e apenas ele, podia conseguir tudo o que o rei desejasse. Cansado do pedantismo de seu súdito, o monarca quis lhe dar uma lição pedindo-lhe algo impossível:

– Traga-me um anel que transforme as pessoas tristes em pessoas felizes e as felizes em tristes.

O guarda saiu em busca do anel, mas, depois de percor rer todo o reino durante quase um ano, não encontrou nada. O prazo para a entrega de tão preciosa joia estava quase expirando, e ele não queria voltar ao palácio de mãos vazias. Chateado com sua falta de sorte e exausto de tanto andar, sentou-se sob a sombra de uma árvore. Um senhor que passava por ali, ao vê-lo tão abatido, per guntou o que estava acontecendo .

O guarda contou seu problema. O ancião não disse nada e seguiu seu caminho. Minutos depois, voltou com um anel que continha uma inscrição. Ao lê-la, o guarda passou de deprimido a completamente feliz.

Com grande entusiasmo, tomou o caminho de volta. Enquanto isso, o rei o esperava ansioso e muito contente: queria contar-lhe que a verdadeira razão daquela enco menda havia sido humilhá-lo diante de toda a corte e se divertir à sua custa.

O guarda aproximou-se do trono e entregou o anel. O rei leu a inscrição e imediatamente seu sorriso se desfez, dando lugar a uma expressão cheia de tristeza. Intrigados, os cortesãos olharam o anel, no qual se lia: "Isso também passará" .

INCENTIVAR A AUTONOMIA

Uma menina era a encarregada de cuidar dos frangos da granja em que vivia. Uma das tarefas era observar os ovos para ver se haviam nascido filhotes.

Certa manhã, aproximou-se do galinheiro e viu vários pintinhos quebrando a casca do ovo. Um dos ovos não havia se quebrado por completo. O pequeno ser lutava para sair pelos buraquinhos da casca, mas lhe custava muito passar por eles. Levada pela vontade de ajudar, a menina abriu o ovo e soltou o pintinho.

O que aconteceu depois ficou gravado para sempre em sua mente: em poucos minutos, o filhote recém-nascido parou de respirar.

A menina foi correndo procurar a mãe e contou-lhe o que havia ocorrido.

– É muito grande o esforço que cada ave faz para nascer e se libertar do obstáculo que a casca representa –explicou-lhe a mãe. – Graças a ele, o pintinho adquire força suficiente para viver fora da casca. Com os humanos, o processo é parecido. Quando nos responsabilizamos pelas tarefas das outras pessoas, acreditando que estamos ajudando, estamos, na verdade, impedindo que se fortaleçam.

PRIORIDADES

Uma mulher muito pobre caminhava pelo bosque com seu bebê no colo. Ao passar em frente a uma caverna, escutou uma voz misteriosa que, lá de dentro, dizia:

– Entre e pegue tudo que quiser, mas lembre–se do mais importante.

Desconcertada, aproximou–se da caverna e apurou o ouvido:

– Você tem apenas um minuto. Quando sair, a porta se fechará para sempre. Aproveite esta oportunidade e não se esqueça do mais importante.

A mulher entrou na gruta e encontrou grandes tesouros. Tornada pela ansiedade, deixou seu filho no chão e começou a recolher tudo que podia.

Quando o minuto se passou, a mulher correu para fora da caverna carregada de ouro e pedras preciosas, e a porta se fechou. Então, percebeu que seu filho havia ficado lá dentro.

REINVENTAR

Ourante a Segunda Guerra Mundial, Ruth Handler, seu marido Elliot e seu sócio Harold "Matt" Mattson fabrica vam molduras de plástico para quadros. Ruth era respon sável pelas vendas e conseguiu, mesmo antes de terem uma oficina, que uma cadeia de estúdios fotográficos fizesse um grande pedido.

Um dia, enquanto dirigia para entregar as moldu ras, escutou no rádio que o presidente Roosevelt havia decidido que todos os plásticos, inclusive os derivados, seriam proibidos para qualquer finalidade que não fosse a militar .

Abatida, Ruth voltou e reuniu–se com seus sócios para discutir o que poderiam fazer. Elliot sugeriu que fabricas sem molduras de madeira e que as pintassem para dar uma aparência similar à da tela. Quando as molduras ficaram prontas, Ruth encontrou–se novamente com o proprietário do estúdio fotográfico e disse a verdade: não poderiam lhe vender as molduras de plástico.

O empresario já sabia do comunicado do presidente, mas não via razão para segui–lo ao pé da letra. Ruth reiterou que ela e seus sócios respetariam a norma e mostrou–lhe como alternativa as molduras de madeira. O cliente ficou tão satisfeito que duplicou o pedido. O lucro inesperado deu a Ruth, Elliot e Matt a confiança necessária para alugar uma pequeña oficina. Mais adiante, vendo os pedaços de madeira que sobravam das molduras, Elliot propôs usá–los para fazer casas de boneca.

Essa mudança de ramo, que passou a se concentrar em brinque-dos, foi a origem da empresa cujo nome é resultado da união do nome dos fundadores "Matt" e "Elliot": Mattel Toy Company. Nada menos que uma das maiores empresas de brinqueados do mundo, donos da boneca Barbie.

BUSCAR A EXCELÊNCIA

Quem tiver a oportunidade de sobrevoar a Estátua da Liberdade poderá observar lá de cima os delicados detalhes de seu acabamento.

Na parte superior da enorme figura, que com o pedestal mede mais de 91 metros, veem–se os cachos do cabelo, esculpidos e polidos com o mesmo esmero que o resto de sua anatomia e sua vestimenta.

O escultor foi Fréderic–Auguste Bartholdi, que terminou a obra em 1866. O curioso é que, nessa época, ainda não haviam inventado o aeroplano. Até onde o artista sabia, ninguém veria a parte mais alta da estátua. Entretanto, evidentemente acreditava que todo sucesso se constrói com pequenos detalhes.

O VALOR DA EXPERIÊNCIA

Em uma pequena aldeia, bem no meio de um bosque, vivia um jovem que sonhava ser um grande lenhador. Desde pequeno, ouvia falar de um homem famoso por ser quem melhor cortava as árvores na região . E essa pessoa havia se tornado seu ídolo.

Finalmente chegou o dia em que teve a oportunidade de conhecê–lo. O garoto se aproximou e, nitidamente admirado, disse:

– Quero ser seu discípulo. Eu sempre quis cortar árvores como o senhor corta.

O lenhador aceitou a proposta e durante algum tempo ensinou–o pacientemente .

Poucos meses depois, o discípulo concluiu que já havia aprendido tudo que precisava saber. Chegou até mesmo a pensar que havia conseguido superar o mestre. Como era mais jovem, sentia–se mais bem–disposto, mais forte e mais ágil que seu instrutor.

No inverno seguinte, o garoto se inscreveu em um con curso de lenhadores. Para sua surpresa, o único adversário era... seu mestre.

Ambos aceitaram o desafio . Seria uma competição de muitas horas e ganharia aquele que cortasse o maior núme ro de árvores.

O jovem começou a tarefa com energia. Entre uma árvo re e outra, observava ao longe o professor e viu que na maior parte do tempo ele estava sentado. Pouco tempo depois, não tinha a menor dúvida: ganharia a prova.

Quando o concurso terminou , o juiz fez a contagem das árvores. Para surpresa do aprendiz, o mestre foi o vencedor.

– Não pode ser, deve haver algum erro. Cada vez que olhava para ele, estava descansando! – disse o jovem, sem disfarçar seu aborrecimento.

– Você está enganado, meu filho – respondeu o antigo instrutor. – Não estava descansando. Estava afiando meu machado.

COMEÇAR DE NOVO

Certa noite, o edifício de uma empresa pegou fogo e ficou completamente queimado, inclusive a fundação. Na manhã seguinte, o dono se aproximou das ruínas daquilo que havia sido seu negócio. Levou uma mesa com ele e colocou-a bem no meio dos escombros.

Sobre ela, colocou um cartaz que dizia: "Perdi tudo, mas não perdi minha esposa, meus filhos, minha equipe e minha esperança".

TUDO EM SEU DEVIDO TEMPO

Uma jovem percorreu o Japão a fim de encontrar o melhor professor de artes marciais. Finalmente, após uma árdua procura, encontrou-o e conseguiu uma entrevista com ele:

– Professor, quero ser a melhor do país. – Quanto tempo levarei? – perguntou.

– Dez anos.

– Tenho pressa – respondeu a garota. – Quanto tempo demoraria se praticasse dia e noite?

– Nesse caso, você levará vinte anos.

PIONEIRO

Cristóvão Colombo foi convidado para um banquete preparado em sua homenagem pelos reis da Espanha do século 16. Um cortesão, que tinha muita inveja de Colombo, perguntou –lhe:

– Se você não houvesse descoberto as Índias, não acha que outras pessoas na Espanha poderiam tê–las desco berto?

Colombo pegou um ovo e desafiou os presentes a manterem –no em pé em cima da mesa. Todos tentaram, mas quando o soltavam, o ovo caía. Então ele bateu o ovo suavemente na mesa, achatando um dos lados. Assim, conseguiu mantê–lo em pé.

– Dessa maneira, qualquer um poderia ter feito isso! – disse o cortesão invejoso.

– Sim, mas ninguém teve a ideia – respondeu Colombo.

– Depois que mostrei o caminho para o Novo Mundo, bastava simplesmente segui–lo.

ASSUMIR RISCOS

Uma famosa professora reuniu seus alunos mais dedi cados e pediu –lhes que abrissem as mãos, pois queria lhes
dar algumas surpresas. Os alunos obedeceram, e ela encheu as mãos deles de guloseimas. Depois, disse:

– Quero lhes dar mais presentes, outras surpresas.

Os alunos pensaram que fosse um truque da professora e preferiram não largar o que tinham nas mãos. Exceto um que, sem pensar duas vezes, jogou tudo no chão e estendeu as duas mãos vazias.

A professora falou:

– Preste atenção em suas atitudes: você quis ter o novo sem conhecê–lo, e, para isso, se desfez daquilo que já conhecia. A maioria das pessoas, por medo e desconfiança, escolhe guardar aquilo que já possui, por pior que seja, antes de se arriscar com o desconhecido.

Ao dizer isso, a professora entregou–lhe algo de muito valor.

O OLHAR DOS OUTROS

Certa tarde, Charles Chaplin, mais conhecido pelo nome de seu famoso personagem, Carlitos, participou de uma seleção de dublês para imitar... Charles Chaplin. Com sua roupa habitual e absolutamente incógnito, fez uma rápida atuação diante do júri.

Os membros do comi tê de seleção disseram que sua imitação havia sido tão medíocre que nem sequer o escolheriam para a segunda fase do concurso.

OBJETIVOS ALTOS

Um jovem atleta, amante de arco e flecha, passou mui tos anos disparando suas flechas para a lua. Seu objetivo era acertar aquele alvo. No entanto, embora o tempo tenha passado sem que jamais houvesse conseguido, tornou–se o melhor arqueiro do mundo.

ABRIR CAMINHOS

Quando os Jogos Olímpicos foram realizados na antiga Grécia, os atletas aspiravam correr uma milha (1609 m) em quatro minutos. Os mais entendidos contam que até soltavam leões atrás deles para fazer com que corressem mais rápido.

No começo do século 20, os cientistas explicaram que alcançar essa meta era impossível por três razões: a estrutura óssea do corpo humano, a dimensão dos pulmões e a natural resistência do vento.

Contudo, em 1954, o atleta Roger Bannister demons trou que estavam enganados quando conseguiu correr uma milha em menos de quatro minu tos. O tempo exato foi de 3m59s4. Nesse mesmo ano, outros 37 corre dores conseguiram a mesma façanha, e no ano seguinte mais trezentos. Foi preciso, porém, que pelo menos um homem acreditasse em suas próprias possibilidades . Os demais simplesmente seguiram seu exemplo.

Daniel Colombo é Master Coach especialista em CEOs, gerência sênior e profissionais; comunicador profissional; mentor de executivos e empreendedores; orador internacional; e facilitador de processos de mudança. Mídia-coach de políticos e executivos; especialista em Oratória moderna.

Autor de 28 livros, incluindo "Sea su propio jefe de prensa" "Historias que hacen bien", "Preparados, listos, out" (co-autor, sobre el Síndrome del Bournout); "Abrir caminos", e uma coleção de 6 livros e DVDs, "Comunicación y Ventas" com o jornal Clarín da Argentina, "Innovación Emocional" (su modelo sobre las nuevas leyes para motivar personas), "Oratoria para todos", "O elefante não sabe" (todos em papel e digital em Amazon), "Éxito Emprendedor" (Indie), e da coleção "Coaching Vital" composta por três títulos: "El mundo es su público", "Oratoria sin miedo" y "Quiero vender" (Hojas del Sur).

Trabalha frequentemente em 18 países, tendo dado mais de 600 palestras, workshops, seminários e experiências vivenciais, atingindo um milhão de pessoas treinadas. Em todas as suas redes sociais, tem um milhão de seguidores.

Lidera e orienta equipes de alta performance em empresas nacionais e multinacionais dentro e fora de seu país. Aconselhou e trabalhou com mais de 2.500 empresas e dirigiu sua empresa de relações públicas por 20 anos. Escreve regularmente em mais de 20 meios de comunicação de vários países.

Web: www.danielcolombo.com
https://www.linkedin.com/in/danielcolombo/
Twitter @danielcolombopr
www.Facebook.com/DanielColomboComunidad/
Instagram: Daniel.colombo
YouTube: www.youtube.com/DanielColomboComunidad

LIBRO EDITADO POR

EDITORIAL AUTORES DE ARGENTINA